Decoración con Mosaicos

Decoración con Mosaicos

Deborah Schneebeli-Morrell

Más de 20 originales proyectos para realizar con cerámica, vidrio, guijarros y terracota

libros cúpula

*Dedicado a Deire Moylan, quien me
ayudó a reunir todas las piezas*

Agradecimientos de la autora
Quiero agradecer de manera especial a Heini Schneebeli su atención y cuidado en los detalles de las fotografías de este libro. Como de costumbre, mis amigos reunieron los materiales necesarios y me permitieron utilizar sus hermosas casas para llevar a cabo el trabajo fotográfico. Entre ellos debo citar a Raynes y Patrick Minns, Anna Bentinck y Arnold Cragg, Jill Patchett y Alan Du Monceau, así como Sophie y Hugh Blackwell. Una vez más manifiesto mi más sincero agradecimiento a Gillian Haslam, nuestro brillante e infatigable editor, y a Kate Kirby en Collins and Brown por su desbordante optimismo. Hago extensiva mi gratitud a todos los artistas y artesanos anónimos cuya maestría, en particular la que se manifiesta en el exquisito trabajo pictórico de la cerámica antigua, es una fuente constante de inspiración para mí.

Título original: *Decorating with Mosaics*
Traducción: Jorge Conde
Copyright © Collins & Brown Limited, 1999
Texto y diseño © Deborah Schneebeli-Morrell, 1999
Fotografía © Collins & Brown Limited, 1999
All rights reserved
© Grupo Editorial Ceac, S.A., 2000
Para la presente versión y edición en lengua castellana
Libros Cúpula es marca registrada por Grupo Editorial Ceac, S.A.
ISBN: 84-329-2416-4
Depósito legal: BI. 1.680-2000
Grafo, S.A.
Impreso en España - *Printed in Spain*
Grupo Editorial Ceac, S.A. Perú, 164 - 08020 Barcelona
Internet: http//www.ceacedit.com

No se permite la reproducción total o parcial de este libro, ni el registro en un sistema informático, ni la transmisión bajo cualquier forma o a través de cualquier medio, ya sea electrónico, mecánico, por fotocopia, por grabación o por otros métodos, sin el permiso previo y por escrito de los titulares del *copyright*.

Contenido

- 6 Introducción
- 10 Materiales
- 16 Técnicas básicas
- 21 Diseños para el hogar
- 53 Obsequios
- 85 Mosaicos de jardín
- 124 Plantillas
- 128 Índice

Introducción

DERECHA *La loseta de esta llamativa mariposa se compuso a partir de loza cuidadosamente troceada.*

PÁGINA OPUESTA *Las losas de este pavimento se realizaron con una combinación de guijarros y trozos de terracota.*

ABAJO *Las esquirlas de porcelana plateada producen un efecto deslumbrante en este pequeño bol.*

La historia del noble arte del mosaico presenta lazos muy estrechos con la decoración y la funcionalidad, dos conceptos que han discurrido paralelamente desde la antigüedad más remota. En la antigua Grecia se pavimentaban las calzadas mediante guijarros de colores dispuestos de manera ornamental y, al mismo tiempo, para proporcionar una superficie de gran resistencia que insinuaba ya un incipiente trazado urbano.

Los romanos heredaron esta artesanía, y la desarrollaron y refinaron con la introducción de las tonalidades naturales de la piedra y del mármol, que manos expertas cortaban en forma de pequeñas baldosas denominadas teselas. Con estas piezas elaboraron afamados motivos decorativos e imágenes de inusitada riqueza pictórica. Los elementos de la naturaleza, como las plantas, las aves, los peces y muchas otras especies del reino animal, eran motivos habituales en sus mosaicos, al igual que las escenas mitológicas. La invención del mortero, y su empleo a modo de lechada de argamasa en las teselas, constituyeron un considerable avance al posibilitar la consecución de acabados lisos y planos. A medida que la influencia del Imperio Romano se extendía hasta el más lejano de sus confines, progresaba también la difusión de esta técnica. Así, todavía hoy pueden apreciarse sus manifestaciones con su esplendor de siglos en toda Europa.

Los inicios de la Cristiandad trajeron consigo una revitalización del mosaico. Los exquisitos mosaicos bizantinos, en particular los de Ravena, en Italia, se componen de un sinfín de esmaltines de vidrio de sílice y óxido de cobalto con incrustaciones de pan de oro auténtico. La suntuosidad de los iconos de naturaleza religiosa pone de manifiesto el poder magnífico de la Iglesia. Muchos expertos opinan que los mosaicos bizantinos constituyen la cumbre más alta de este arte.

No obstante, la tradición del noble arte del mosaico perduró y resistió airosa el

transcurrir de los siglos, con mayor o menor fortuna y a menudo como consecuencia del influjo de las modas. El interés suscitado a finales del siglo XIX por las artes decorativas liberó al mosaico de sus atavismos, y éste pudo desarrollarse con independencia de la Iglesia y de las clases pudientes. La corriente artística conocida como *Art Nouveau* introdujo esta práctica en la arquitectura convencional y cotidiana, por lo que pudieron verse mosaicos en edificios de apartamentos y en comercios de todo tipo.

La original y sugerente arquitectura del arquitecto español Antoni Gaudí, concentrada sobre todo en la ciudad de Barcelona, explota la versatilidad del mosaico adaptándolo a extravagantes superficies tridimensionales. A su trabajo se debe, en gran parte, el interés actual por dicha técnica. Durante el siglo XX el uso del mosaico se amplió notablemente. Así, hoy en día puede encontrarse tanto en piscinas como en edificios públicos o en grandes decoraciones murales adornando restaurantes.

Algunos artistas que se desenvuelven fuera de los habituales círculos artísticos han contribuido enormemente a la difusión del mosaico. Son creadores de atmósferas de carácter casi visionario construidas y vertebradas a partir de desechos de loza y otros materiales desahuciados.

Los objetos reciclados y de desecho, los que se recuperan del ámbito doméstico —y que, pese a su modestia, pueden aportar algún valor de índole sentimental—, o los que se coleccionan por afición (como piedras, conchas o caracolas) ciertamente adquieren mayor

IZQUIERDA *La creación de una pieza con las sutiles tonalidades de las conchas marinas siempre resulta gratificante.*

ARRIBA *Ingenioso y elegante plato decorado con una variedad de piezas de loza.*

relevancia cuando son integrados en elementos y composiciones que ornamentan el espacio que nos rodea. Dada su prolongada tradición, huelga decir que las posibilidades de incorporar el mosaico a nuestras vidas son muy amplias. Podemos utilizarlo tal como hicieron los griegos y los romanos, pero también adaptarlo y reinventarlo, convirtiéndolo en una expresión artística contemporánea con el atractivo añadido de su más probada durabilidad. El mosaico puede colocarse tanto en interiores como en exteriores. Y, en cualquier caso, su paciencia y su esfuerzo se verán sin duda recompensados.

En numerosas ocasiones se ha mencionado la semejanza del mosaico con la técnica del *patchwork*. Objetos procedentes del hogar, obsequios de amigos, reliquias familiares como una tetera o un plato de hermoso acabado, guijarros o conchas marinas recogidos durante el verano…, todos ellos pueden reciclarse para formar parte de atractivos diseños. Tan dispares y variopintas piezas se conjugan dando vida a nuevas formas, manteniendo las huellas de una existencia pasada o los afectos en ellas depositados.

Materiales

La recopilación de materiales con el fin de componer un mosaico es una tarea similar a la que se lleva a cabo para realizar una labor de *patchwork*. Ambas artesanías tienen un origen parecido, ya que sus creaciones se basan en una selección de piezas que a menudo contienen una carga sentimental o evocan recuerdos. Tal vez se escojan trozos de un plato heredado de una abuela, guijarros o conchas marinas recogidos en la playa, para transformarlos en un motivo de su agrado (véanse págs. 90, 94 y 116). Los añicos de las macetas de jardín y los tiestos de terracota no quedarán ya desterrados a los pies de los maceteros grandes, sino que podrán emplearse para construir losas para el pavimento (véase pág. 106).

Las ferias, los mercados y las ventas con propósitos benéficos constituyen lugares idóneos para hacerse con piezas de loza a muy bajo precio. Tan pronto como sus amigos conozcan sus proyectos, se sorprenderá al verse invadido por todo tipo de objetos aprovechables, antiguos y modernos: ensaladeras, salseras y platos bellamente ornamentados, esquirlas y otros pedazos de vistoso lustre y cromatismo. Tendrá en sus manos un auténtico tesoro.

Los esmaltines y las teselas de vidrio y de cerámica son materiales más adecuados para especialistas, que pueden adquirirse en los establecimientos que venden materiales para la construcción. Sin embargo, el neófito puede realizarlo con otros materiales más simples y obtener piezas originales y atractivas. Antes de comenzar a elaborar un proyecto es conveniente clasificar todo el material disponible y ordenarlo en recipientes separados.

Rebordes de platos

Algunos rebordes de platos, salseras, fuentes y tazas son muy vistosos, especialmente si son de loza antigua. El dibujo que se repite es a menudo dorado y por sí mismo constituye un motivo. Las ferias, los bazares y los mercados disponen de una gran variedad de ellos. Son numerosos los ejemplos ilustrados en este volumen (véanse págs. 34, 66 y 80).

DERECHA *Una colección de materiales de muchos colores recogida a lo largo de los años.*

DEBAJO *Las esquirlas de terracota son adecuadas para su uso en el exterior.*

PÁGINA OPUESTA (SIGUIENDO LAS MANECILLAS DEL RELOJ A PARTIR DEL RECUADRO SUPERIOR DERECHO) *Loza antigua con motivos florales; diseños clásicos en azul y blanco; motivos y leyendas; loza blanca de diferentes matices; rebordes de platos decorados; loza lustrada.*

Loza en tonos azul y blanco

La loza tradicional, generalmente blanca y azul, como la decorada con el sauce chino, sigue siendo tan popular hoy en día como lo era hace cientos de años. Si encuentra platos antiguos, reparará en que los motivos ornamentales y el vidriado son más sutiles que los empleados en las piezas más modernas. Hallará algunos ejemplos en las páginas 58, 62 y 102.

Loza coloreada

La profusión de colores en las piezas de loza sirve como fuente de inspiración y es de gran utilidad para componer un mosaico. Trocee las piezas que hayan quedado inservibles. Si carece de algún color, compre una pieza barata con dicha pigmentación y córtela. Véase el efecto logrado en las ilustraciones de las páginas 34, 72, 80 y 112.

Loza blanca

Las esquirlas de loza blanca resultan muy útiles tanto para emplearlas en los fondos como para contrastar porciones exentas de ornamentación (véanse páginas 58, 102 y 120). Son piezas muy comunes y, por consiguiente, muy asequibles. La loza blanca suele ser algo más gruesa que la de colores, razón por la cual habrá que nivelarlas variando la cantidad de adhesivo. Los suaves matices del blanco pueden aprovecharse en la composición del diseño.

Loza antigua

La loza antigua suele presentar decoraciones muy intrincadas de acabado exquisito. Las imágenes pintadas a mano ponen de manifiesto una gran habilidad. Las piezas más finas y cocidas a temperaturas elevadas reciben el nombre de porcelana, y son las más difíciles de cortar y dar forma. Véanse los ejemplos de las páginas 30 y 120.

Loza lustrada

La loza lustrada o decorada con reflejos metálicos auténticos, en ocasiones con oro y plata, puede apreciarse en los rebordes y cantos de algunos jarrones y juegos de café o té. No es menester que sea muy antigua, y puede adquirirse fácilmente. Tal vez necesite comprar una pieza para realizar el bol ilustrado en la página 44. Diminutos trozos de loza lustrada estratégicamente colocados realzarán un motivo dotándolo de un fulgor muy peculiar (véase pág. 112) o atraerán la atención al disponer los brillos con una cadencia determinada (véase pág. 66).

Loza decorada

Merece la pena entretenerse separando los pedazos de loza según el tipo de ornamentación que presentan para facilitar su posterior localización. La loza que incorpora textos es particularmente interesante (véase pág. 48), ya que puede incluirse en el diseño conservando palabras o sílabas completas de mayor tamaño (véase pág. 72). Las decoraciones en blanco y negro son las más sorprendentes.

PÁGINA OPUESTA (SIGUIENDO LAS MANECILLAS DEL RELOJ A PARTIR DEL RECUADRO SUPERIOR DERECHO)

Conchas marinas; teselas resplandecientes de vidrio; loza de colores; teselas de cerámica mate; esmaltines de vidrio; guijarros de mar lavados y lisos.

Tesquirlas de terracota

Se trata de tiestos de jardín hechos pedazos. Córtelos y proporciónelas la forma adecuada con la ayuda de unas tenazas para azulejos. Puede incorporarlas a su diseño, tal vez combinadas con guijarros blancos (véase pág. 108). Se cortan con facilidad.

Conchas marinas

Pueden recogerse a orillas del mar —una actividad muy del agrado de los niños—, o adquirirse en tiendas que las importan desde todos los confines de mundo. Si las estudia, admirará sus colores, tamaños y formas sin igual, así como su relieve (véanse págs. 90 y 116).

Guijarros

Al igual que las conchas, los guijarros presentan infinidad de colores, formas y tamaños. Pueden adquirirse en tiendas de decoración, en establecimientos que venden materiales para mosaicos o en viveros. Recoja guijarros cuando pasee por la playa o por la campiña y mézclelos con los adquiridos para enriquecer su mosaico (véanse págs. 94 y 108).

Teselas de cerámica

Las teselas de cerámica comprenden una extensa variedad de colores y tamaños y son idóneas para su uso en mosaicos. Dado que se cortan con gran facilidad, constituyen un material muy apropiado para el principiante. Su grosor homogéneo permite obtener acabados lisos y nivelados una vez dispuestas en la lechada. Todo ello avala su empleo para elaborar la hoja de roble en el sobre de la mesa (véase pág. 22) y en la bandeja (véase pág. 40).

Teselas de vidrio

El vidrio, material tradicionalmente usado en el mosaico, presenta una amplia gama de vivos colores. Puede cortarse sin dificultad mediante unas tenazas para azulejos, si bien hay que prestar especial atención para no herirse con las esquirlas de cristal. El empleo de teselas intactas en un diseño geométrico de influencias contemporáneas (véase pág. 26) resulta llamativo y sorprendente. Otro uso más sutil consiste en combinarlas con loza decorada, como se aprecia en la página 98, o con loza lustrada como material de relleno (véase pág. 66).

Esmaltines

Los esmaltines de vidrio de sílice y óxido de cobalto, famosos por su inclusión en los mosaicos bizantinos, constituyen el más noble y sorprendente material entre los citados. Se trata de un vidrio pigmentado que, una vez fundido, puede moldearse para formar losetas o romperse en pedazos de formas variopintas. Solían colocarse muy prietos, casi exentos de lechada, de modo que configuraban una superficie rica en reflejos y matices. Su intenso color y su superficie facetada le confieren un atractivo contraste cuando se combina con materiales de acabado más apagado, por ejemplo, las teselas de cerámica (véase pág. 86).

Técnicas básicas

Si bien muchas técnicas para la confección de mosaicos aparecen claramente ilustradas en las fotografías que acompañan a las instrucciones paso a paso, quizá le resulte de utilidad estudiar con atención los procedimientos expuestos a continuación. El dominio de estas técnicas le permitirá aventurarse en proyectos de mayor envergadura.

El mosaico puede enfocarse mediante dos métodos: directo e indirecto. El método directo, el más empleado en este volumen, consiste en pegar las piezas que componen el mosaico encima de su soporte. Este procedimiento permite vislumbrar la evolución del diseño, particularidad muy necesaria cuando se trabaja con materiales que presentan un anverso y un reverso de aspecto distinto (la loza, algunas teselas, etc.). Habitualmente la pieza se consolida con lechada de argamasa.

El método indirecto puede observarse en el panel de guijarros (pág. 94) y en la loseta de pavimento (pág. 108). En estos casos, el mosaico se coloca boca abajo y encerrado en una caja de madera, rellena de arena, que sirve de molde, y sobre la que se vierte cemento. Una vez endurecida, la loseta se extrae de la caja y muestra el diseño acabado. Este procedimiento es muy adecuado para el trabajo con materiales de naturaleza irregular, como la terracota y los guijarros. Así pues, la base del molde proporciona un acabado liso.

Cómo cortar

Para realizar un mosaico sólo se requieren unas tenazas para azulejos con las que cortar y dar forma a las piezas. Si desea cortar un perfil recto, debe limitarse a ejercer una ligera presión sobre el canto de la pieza. Para obtener perfiles curvos se precisa algo más de pericia y, sobre todo, práctica, puesto que se deben mordisquear leve y cuidadosamente los cantos. Cuando se trabaja con piezas de mayor tamaño, como floreros y platos, es conveniente romperlas en el interior de una bolsa de plástico cubierta con un trapo. Unos pocos golpes de martillo las trocearán de modo que resulten más manejables para la acción de las tenazas.

1 Cómo cortar teselas de vidrio en cuartos

Sujete con las tenazas las teselas por el punto medio de uno de sus lados. Presione hasta que la pieza se parta en dos. Corte cada pedazo por su punto medio y obtendrá cuatro piezas pequeñas. Este procedimiento es aplicable a las teselas cerámicas. Para evitar los riesgos de los fragmentos de vidrio, corte las teselas bajo el agua en el interior de una olla o de un cubo.

2 Cómo dar forma a teselas cerámicas

Para cortar un perfil curvo, mordisquee la pieza con las tenazas repetidas veces y trazando una curva. Si lo cree oportuno, dibuje primero la línea maestra. La tesela se romperá si no lo hace lenta y progresivamente.

3 Cómo cortar cuadrados o rectángulos de loza

La loza también se corta mediante las tenazas para azulejos. La loza suele quebrarse originando piezas con cantos rectos que se extienden a partir del punto donde se presiona. La temperatura de cocción de la loza condiciona la manera de romperse. Se aprende por ensayo y error: si el resultado no le satisface, mordisquee el pedazo y modele su forma.

4 Cómo cortar pétalos triangulares

Estas piezas triangulares proceden del canto de un plato de loza azul cocido a baja temperatura. Sostenga las tenazas en un ángulo de 45° con respecto al canto del plato. Ejerza una ligera presión hasta que la loza se rompa. Haga lo propio desde el lado opuesto y obtendrá un pétalo triangular.

5 Cómo recortar motivos de loza decorada

Seleccione las imágenes que desea recortar de una pieza de loza decorada. Recurra a las tenazas para recortar el contorno del motivo elegido. Con paciencia, mordisquee suavemente las zonas aledañas a fin de que no se quiebre o se astille donde no debe.

6 Cómo recortar porciones de un reborde

Los platos de loza vieja, las salseras y los tazones a menudo presentan hermosos rebordes que realzarán el acabado de un mosaico. Corte el plato con las tenazas colocadas en ángulo recto con respecto al reborde. Los pedazos no deben superar los 2 cm de longitud. A continuación, corte nuevamente en ángulo recto desde el canto y luego de forma paralela al diseño.

Técnicas básicas | **17**

Cómo pegar las piezas

Para confeccionar un mosaico pueden emplearse diversos productos adhesivos. La elección dependerá fundamentalmente del material usado, del color, de su ubicación y de la naturaleza del soporte. Los adhesivos impermeables de cemento generalmente son los más idóneos para trabajos destinados a permanecer a la intemperie, si bien los formulados como lechada para azulejos también son adecuados. La cola impermeable APV suele utilizarse con teselas planas de grosor uniforme que deben montarse sobre madera (véase pág. 26). La mezcla tradicional de cemento resulta apropiada para la realización de losetas para exterior según el método indirecto. Los adhesivos para interiores, exentos de cemento, poseen la ventaja de un secado más prolongado que permite la realización de ciertos ajustes durante el proceso.

1 Aplicación del adhesivo

Extienda una pizca de adhesivo directamente en el dorso de las teselas con un cuchillo y presiónelas en su ubicación sobre el soporte. Un método muy apropiado para trabajar sobre un diseño previamente dibujado. Asimismo, es muy útil cuando las piezas presentan distintos grosores y deben, por lo tanto, nivelarse mediante la aplicación de diferentes cantidades de adhesivo.

2 Aplicación directa de adhesivo sobre el soporte

Extienda una capa de adhesivo sobre una porción reducida del soporte y sitúe las teselas en su lugar, procurando que la cola no aflore por los intersticios. Se trata de un método muy adecuado para exteriores y para el trabajo con teselas de idéntico grosor que conforman superficies curvas.

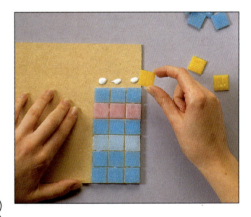

3 Empleo del adhesivo APV

Extienda la cola impermeable APV directamente sobre una porción reducida del soporte y coloque las teselas debidamente separadas. Repita el proceso hasta cubrir toda la superficie. Espere a que se seque antes de enlecharlo. Este método se aconseja para el trabajo con teselas cerámicas y de vidrio sin cortar y de idéntico grosor.

Cómo enlechar el mosaico

Enlechar significa rellenar los intersticios que aparecen entre las piezas del mosaico con objeto de lograr un acabado liso y pulcro. La lechada protege, asimismo, el mosaico tanto de la suciedad como del agua. En exteriores los mosaicos deben enlecharse con cemento o con una lechada de argamasa en polvo cuya base sea asimismo cemento y que se comercializa en blanco, negro y gris. Esta última puede adaptarse al uso en interiores. Con pintura acrílica o al agua puede pigmentarse la lechada blanca. Las de tono oscuro realzan el cromatismo de las piezas, mientras que las de colores más armónicos tienden a uniformar el efecto cromático. La lechada convencional suele ser eficaz, aunque en ocasiones conviene emplearla combinada con adhesivo para azulejos, como por ejemplo en las piezas compuestas por conchas marinas de distintos grosores. Elimine de inmediato la lechada sobrante y pula el mosaico seco con un trapo limpio.

Precauciones

- Proteja su rostro con una mascarilla y gafas en particular cuando corte cerámica y cristal, puesto que podrían desprenderse polvo fino y astillas a gran velocidad.
- Para minimizar el riesgo de sufrir cortes y heridas, proceda a cortar el vidrio y las teselas en el interior de un cubo o recipiente lleno de agua.
- Mantenga la zona de trabajo limpia y aseada y no se despoje de la mascarilla ni siquiera cuando barra el suelo, para evitar inhalar el polvo.

1 Aplicación de la lechada

Según el tamaño y la superficie del mosaico pueden utilizarse diversos procedimientos. Para mosaicos grandes y planos, un enjugador es idóneo. Frote con él la superficie y arrastre la lechada para que se introduzca en los espacios. Un cuchillo de cocina o una paleta son adecuados para áreas reducidas. Puede usar los dedos, especialmente en zonas curvas e irregulares.

2 Cómo eliminar la lechada sobrante

Cuando la lechada se asiente (consulte los tiempos de secado), frote el exceso con una esponja húmeda o con un pincel rígido para esmaltar las uñas. Una vez seca, pula la superficie con un trapo. Elimine los residuos de cemento adhesivo con un producto para la limpieza de ladrillos. Es una solución de ácido clorhídrico, por lo que deben observarse escrupulosamente las instrucciones.

Técnicas básicas

DISEÑOS PARA EL HOGAR

Las técnicas básicas expuestas le permitirán aventurarse e inventar piezas útiles y decorativas para realzar su hogar.

Mesa con hoja de roble

Esta encantadora mesita accesoria de metal presenta una decoración muy sutil configurada con baldosines de cerámica de acabado mate. Necesitará cortar un considerable número de piezas, tarea que se facilita si emplea unas tenazas provistas de un muelle. En lugar de adherir las piezas directamente sobre el metal, opte por encolarlas a una porción circular de madera contrachapada barnizada, cuyos cantos deberán disimularse con una tira de plomo festoneado. A la vez que decorativo, el plomo actúa como reborde y evita la necesidad de clavar la encimera directamente en el metal.

Los datos proporcionados se refieren a una mesa de 40 cm de diámetro. Altere las cantidades en consonancia con el tamaño de la mesa que desea decorar. Siempre convendrá disponer de un pedazo de tablero donde pueda esbozar el diseño y la posición de las teselas. Acto seguido extienda el adhesivo y transfiera las teselas al sobre de contrachapado definitivo.

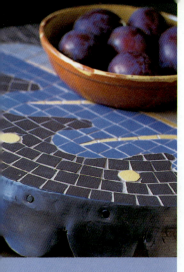

Materiales

Mesa plegable de metal

Trozo circular de contrachapado de 9 mm de grosor y 40 cm de diámetro

Trozo de tablero para pruebas

Plantilla (véase pág. 124)

Lápiz

Baldosines cuadrados de cerámica de 2 cm de lado, una hoja de 30 cm de lado en colores azul, amarillo y grises claro y oscuro

Tenazas para azulejos

Mascarilla y gafas protectoras

Adhesivo impermeable para azulejos

Cuchillo pequeño

Bol

Lechada en polvo

Pintura acrílica marrón

Enjugador de goma

Esponja

Guantes de goma

Trapo suave para pulir

1 Trace el contorno del círculo de contrachapado en el tablero para pruebas. Coloque en el centro de éste la plantilla de la hoja de roble y dibuje el contorno. Trace tres círculos más pequeños y equidistantes a los lados de la hoja y déjelos aparte. Centre la plantilla sobre el contrachapado y dibuje el contorno y los círculos como antes.

2 Póngase la mascarilla y las gafas. Corte con las tenazas las teselas amarillas y dé forma a las venas de la hoja. Colóquelas donde corresponde en el centro del tablero para pruebas. Haga lo propio con las grises pálidas y sitúelas en una mitad de la hoja. Procure respetar un entramado de verticales y horizontales, hecho que contribuirá a una mayor limpieza y un menor esfuerzo.

3 Cuando haya completado el mosaico sobre el tablero de pruebas, transfiera y pegue las piezas al contrachapado definitivo. Comience por las venas, extendiendo sólo una pizca de cola en cada una de ellas, y presionándolas ligeramente para que se fijen en su posición. Mantenga un espacio de 2 mm entre las piezas. No permita que el adhesivo se escurra y se introduzca en los intersticios.

4 Continúe en la forma descrita y pegue las piezas azules y grises, procurando no excederse con el adhesivo. Es probable que sea menester hacer algún ajuste con las tenazas, en especial para cerciorarse de mantener intersticios uniformes entre todas ellas.

5 Con las tenazas corte seis piezas circulares de color amarillo y péguelas donde procede. Pegue una circunferencia de teselas grises oscuras en el contorno del círculo y a continuación rellene todo el fondo. Recorte las teselas según convenga, particularmente alrededor de la silueta de la hoja y de los círculos amarillos.

6 Deje secar el adhesivo durante toda la noche. Mezcle la lechada en un tazón según las instrucciones del fabricante y pigméntela agregando una pizca de pintura acrílica marrón. Extienda la lechada mediante el enjugador de goma, procurando introducirla en las juntas (póngase los guantes si así lo prefiere). Espere 30 minutos para que se asiente.

7 Elimine la lechada sobrante con la ayuda de una esponja limpia y húmeda, tratando de no extraer la que se asienta en los intersticios.

8 Espere otros 30 minutos hasta que se seque. Pula seguidamente la superficie de la mesa con un trapo suave. De este modo eliminará los residuos, que suelen acumularse con más facilidad en las teselas cerámicas que en las vidriadas.

Diseños para el hogar | **25**

Revestimiento de un aseo

Esta creación de llamativos colores está inspirada en la extensa gama de colores disponible en teselas de vidrio para mosaico. Sus propiedades translúcidas propician una notable intensidad cromática. Ante semejante caleidoscopio, la elección de yuxtaposiciones adecuadas es esencial para la consecución de un efecto cromático equilibrado.

En este caso no es necesario cortar las piezas, pero habrá que mantener un espacio uniforme entre las teselas. Con este revestimiento puede decorar todas las paredes de un baño o, si se siente menos osado, limitarse a la decoración del sobre de una mesa.

¿Por qué no aventurarse y revestir toda la estancia recurriendo al uso de un solo color combinado con los tonos definidos por sus toallas o incluso por sus cepillos de dientes?

Materiales

Un trozo de madera contrachapada o de fibra de densidad media (DM) de 4 mm de grosor y del tamaño adecuado a la pared del lavabo

Adhesivo impermeable APV

Selección de teselas de sus colores predilectos

Lechada gris

Espátula

Esponja

Trapo suave para lustrar

1 Aplique pequeños puntos de cola adhesiva directamente sobre el contrachapado y empiece a formar una columna de teselas turquesas de tres piezas de ancho. Procure mantener un espacio de 2 mm entre ellas.

2 Después de pegar la segunda fila, agregue una tercera en color azul pálido y vaya intercalando turquesas, rosadas, otra vez turquesas, amarillas ácidas y acabe la columna con dos hileras de turquesas.

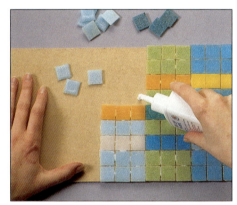

3 Forme la segunda columna de teselas verdes, intercalando filas de colores turquesa oscuro, verde esmeralda y naranja vivo. Prosiga con la tercera columna, comenzando con azul pálido combinado con rosa claro, amarillo vivo y, finalmente, un verde de matiz grisáceo.

4 Continúe trabajando en la forma descrita, intercalando tonos suaves con otros más contrastados. Espere a que el adhesivo se seque y enleche el mosaico. Púlalo de la manera habitual (véase pág. 19). Instale el panel en la pared con adhesivo de cemento y enleche los cantos de la pieza.

Placa numérica

Esta atractiva y útil placa numérica está realizada con una combinación de teselas de vidrio y trozos de loza cortados en forma de hojas. Para lograr un efecto tridimensional se pueden usar dos tonos de verde o de azul, a fin de emular la sombra que proyectaría el supuesto relieve del número cinco. Las hojas que adornan la corona proceden de un plato japonés ciertamente peculiar. No dude en experimentar la satisfacción de emplear una pieza muy querida, accidentalmente rota, con la creación de otra más duradera.

El soporte es un pedazo de DM cortado a medida que puede barnizarse para protegerlo de los elementos. Si desea instalarla a la intemperie, no dude en realizar el diseño sobre una baldosa cerámica.

Materiales

Rotulador para fieltro

Hoja de papel para pruebas

Tijeras

Plato o compás

Un trozo cuadrado de fibra de densidad media (DM) de 25 cm de lado y 1 cm de grosor

6 teselas de vidrio de color verde o azul pálidos y 18 de color verde oscuro

Tenazas para azulejos

Mascarilla y gafas protectoras

Adhesivo impermeable APV

24 hojas cortadas de un plato decorado en tonos verdes

100 teselas cerámicas de color blanco mate

Lechada gris

Bol

Espátula

Esponja

Trapo limpio para lustrar

1 Dibuje o copie el número elegido en una hoja de papel y recórtelo. Trace una circunferencia mediante un compás o con un plato de 19 cm de diámetro, centrada en el soporte de DM. Sitúe la plantilla en su centro y trace la silueta de número.

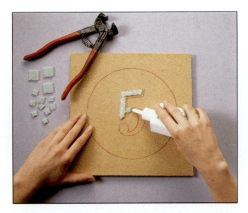

2 Proteja su rostro con la mascarilla y las gafas. Corte con las tenazas las teselas de tono pálido en cuatro partes y péguelas con adhesivo APV. Si es necesario, perfile las piezas para ajustarlas al diseño del número. No invada las zonas situadas a la derecha ni la parte inferior de la horizontal.

3 Corte piezas pequeñas de color verde oscuro y rellene la sombra que proyecta el número. No se preocupe si su integración no es perfecta, dado que la lechada uniformará el efecto visual.

4 Corte las teselas restantes de color verde oscuro en forma de pequeñas tiras de unos 4 mm de ancho. Cada tesela le proporcionará tres tiras, si bien el acabado nunca será perfecto. Péguelas sobre la circunferencia marcada.

5 A continuación, sitúe y pegue las hojas que habrá cortado previamente (véase pág. 17), a distancias regulares y por parejas, como se muestra en la ilustración.

6 Espere a que el adhesivo se seque antes de proceder a pegar las teselas cerámicas de color blanco mate que conforman el fondo. Córtelas con las tenazas en cuatro partes iguales y empiece por ubicar las centrales. Trabaje progresivamente hacia el exterior. Cubra con ellas toda la superficie y aguarde hasta que la cola se seque.

7 Mezcle y remueva la lechada gris hasta conseguir una consistencia densa y extiéndala con una espátula procurando introducirla en todos los recovecos. Espere unos minutos para que se asiente y, seguidamente, elimine el exceso mediante un trapo ligeramente húmedo.

8 Espere durante una hora hasta que la placa se seque. Limpie y lustre vigorosamente todo el mosaico con un trapo exento de impurezas.

Diseños para el hogar

Losetas con mariposas

Estas exquisitas losetas pueden usarse como soporte para macetas o como decoración en las paredes de la cocina o del cuarto de baño.

El motivo de la mariposa está realizado con pequeñas piezas de loza antigua decorada con vistosos colores sobre un fondo de color negro mate. Si bien el fondo es plano, debido a que las piezas de loza tienen diferente grosor, es necesario nivelarlas variando la cantidad de adhesivo. Si es posible, recurra a loza decorada con motivos florales o vegetales para configurar las alas. El cuerpo del insecto está formado por fragmentos obtenidos del reborde de una pieza y dispuestos de manera contrastada.

La forma de la mariposa es ideal para explicar el concepto de simetría. Dado que ambos lados son idénticos, resulta muy sencillo confeccionar una plantilla: dibuje la mitad de la mariposa en una hoja de papel doblada, haciendo coincidir el eje del cuerpo con el eje de simetría. Corte la plantilla con tijeras y despliéguela.

Materiales

Plantilla (véase pág. 124)

Baldosa cuadrada negra de cerámica de 15 cm de lado

Lápiz blanco

Hoja de papel blanco

Lápiz

Mascarilla

Tenazas para azulejos

Trozos de loza antigua en colores lisos y con motivos vegetales y decoraciones diversas en sus rebordes

Adhesivo para cerámica

Bol pequeño

Cuchillo de cocina

Pinzas

Baldosas de cerámica para mosaico de color negro mate

Lechada negra

Espátula

Cuchillo de artesano

Esponja

Guantes de goma

Trapo suave para lustrar

1 Centre la plantilla sobre la baldosa de cerámica negra y trace la silueta con el lápiz blanco. Repita esta operación pero esta vez dibujando el contorno con el lápiz de grafito en la hoja de papel blanco.

2 Póngase la mascarilla y las gafas protectoras. Use las tenazas para cortar óvalos de loza (aquí se optó por recortar flores para las alas superiores, y hojas para las inferiores). Mordisquee cuidadosamente los contornos hasta obtener las formas deseadas y colóquelas en posición sobre la hoja de papel.

3 Corte una hoja para el extremo inferior del cuerpo y varias piezas rosadas que alternará con porciones de cenefa para el resto del cuerpo. Prosiga de esta manera hasta completar el mosaico sobre el papel. Corte los fragmentos verdes que simularán las dos antenas y sendas estrellas para sus extremos. Rellene las alas con piezas de loza decorada. Si es posible, imite también las venas.

4 Transfiera con sumo cuidado las piezas a su ubicación definitiva sobre la baldosa negra y adhiéralas nivelándolas con el adhesivo. Comience por el cuerpo y siga por las alas.

5 Es posible que necesite unas pinzas para colocar las piezas más diminutas de las alas. Realice los ajustes pertinentes para lograr un acabado limpio. Como antes, procure que la superficie quede tan nivelada como sea posible.

6 Una vez completado el diseño de la mariposa, corte en cuatro partes los baldosines de color negro mate y dispóngalos uniformemente hasta formar el fondo de la loseta. Mordisquee los cantos a fin de que rodeen perfectamente la silueta del insecto. Limpie los restos de adhesivo y deje secar.

7 Mezcle la lechada negra siguiendo las indicaciones del fabricante. Póngase los guantes de goma y enleche toda la superficie y los cantos de la loseta con la ayuda de la espátula, introduciendo la lechada en los intersticios.

8 Espere unos minutos y proceda a eliminar los residuos mediante una esponja ligeramente humedecida. Tal vez precise recurrir al cuchillo de artesano para limpiar algunas zonas de la loza a fin de que luzcan con todo su esplendor. Deje secar y lustre la pieza con un trapo limpio.

Bandeja con tazas y platos

La base de la bandeja de madera que muestra la ilustración presenta una decoración compuesta por tazas y platos de café. El empleo de baldosines de cerámica garantiza su impermeabilidad y su resistencia ante el contacto con objetos expuestos a elevadas temperaturas.

Los baldosines de cerámica para mosaico pueden adquirirse en una amplia gama de colores y se cortan con inusitada facilidad, motivo por el cual son muy aconsejables para el neófito. Dado que la base de la bandeja es completamente plana y que el grosor de las piezas siempre es el mismo, resultará muy sencillo encolarlas con adhesivo impermeable APV y enlechar posteriormente la superficie con una lechada gris que las cohesione y armonice la gama cromática elegida para esta pieza.

Materiales

Plantillas (véase pág. 125)

Rotulador negro

4 hojas de papel blanco

Rotulador grueso rojo

Una bandeja de madera de cantos elevados (aquí la base mide 30 × 44 cm y los cantos 7 cm de altura)

Baldosines cuadrados de cerámica mate para mosaico, de 2,5 cm de lado y de 5 mm de grosor: 20 amarillos, 20 rosas, 20 turquesas, 20 verdes grisáceos oscuros, 25 verdes grisáceos pálidos, 15 tostados, y 250 crudos para el fondo

Tenazas para azulejos

Mascarilla y gafas protectoras

Adhesivo APV

Lechada gris

Bol

Espátula

Enjugador de goma

Esponja

Pintura acrílica azul real o celeste

Brocha

1 Coloque las plantillas sobre la base de la bandeja y trace las siluetas de los motivos con el rotulador negro. No olvide dibujar los detalles interiores. Repita la operación sobre papel blanco, dibujando con el rotulador rojo.

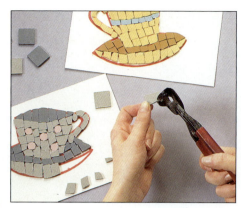

2 Póngase la mascarilla y las gafas protectoras. Corte cada baldosín en cuatro partes iguales y mordisquee los cantos con las tenazas hasta obtener la forma deseada. Las manchas rosadas no son más que círculos de este color confeccionados a partir de un cuarto de baldosín. Recorte con cuidado las piezas que habrán de colocarse alrededor de dichas manchas.

3 Una vez confeccionadas todas las tazas y sus respectivos platos sobre las siluetas trazadas en el papel, traslade los mosaicos a las siluetas dibujadas en la bandeja. Deposite una pizca de cola en la base de madera y, con delicadeza, deslice las piezas una a una hasta su posición. Si es necesario, realice pequeños ajustes a fin de obtener un acabado limpio.

4 Corte los baldosines del fondo en cuatro porciones iguales. Empiece por colocar los que rodean la silueta de los motivos, perfilando las piezas sobre la marcha. Proceda hacia el exterior y distribuya las piezas más próximas a los cantos paralelamente al perímetro. Espere hasta que el adhesivo se seque.

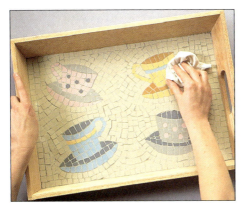

5 Prepare la lechada gris y extiéndala con la ayuda de una espátula. Presiónela vigorosamente de modo que se introduzca en todas las grietas. Aguarde unos minutos. Use el enjugador para eliminar los residuos. Limpie la base con una esponja levemente humedecida. Cuando el mosaico esté seco, lústrelo con un trapo limpio.

6 Aplique al menos dos capas de pintura acrílica en los cantos elevados de la bandeja y sus asideros, esperando el tiempo suficiente para que se sequen.

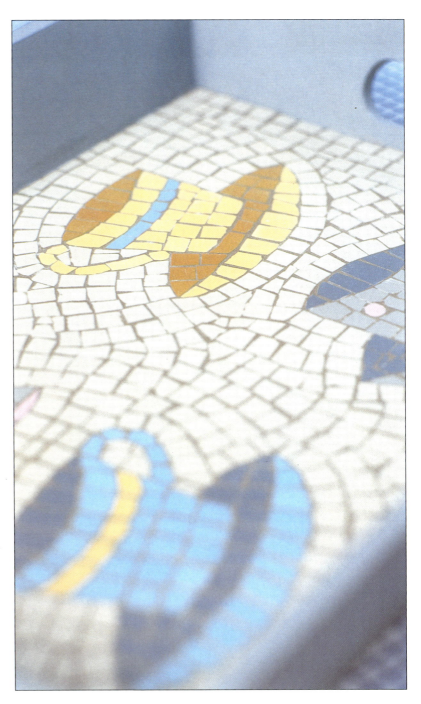

Diseños para el hogar | **43**

Bol plateado

La aplicación de esquirlas de porcelana con reflejos metálicos transforma un bol anodino en una pieza ciertamente original y llamativa. Las facetas de la superficie interior multiplican los reflejos luminosos, creando un atractivo contraste con el color azul de la superficie exterior. La lechada blanca se patinó con crema para platear con el propósito de armonizar el conjunto.

Para su realización fue necesario comprar varias tazas de acabado lustrado debido a que el número de piezas disponibles era insuficiente. Cabe señalar que la porcelana antigua siempre proporcionará un acabado más sutil y menos ostentoso. Lleno de dulces o golosinas exóticos, este bol dará un toque elegante a una mesa festiva.

Materiales

Loza lustrada en tono plateado (en este caso, una taza de café y dos platos a juego)

Tenazas para azulejos

Mascarilla y gafas protectoras

Mezcla de adhesivo y lechada

Cuchillo de cocina

Bol pequeño

Bol de loza de 8 cm de altura, 5 cm de diámetro en la base y 14 cm en el reborde superior

Esponja

Cuchillo de artesano

Trapo suave para lustrar

Pátina plateada en crema

Dos retales para aplicar y lustrar la pátina plateada

1 Con la ayuda de las tenazas rompa la loza en pedazos pequeños e irregulares (trabaje protegido con la mascarilla y las gafas). Separe las piezas procedentes del reborde del plato a fin de usarlas para decorar el reborde del bol.

2 Cubra el dorso de cada pieza con una pizca de cola y colóquelas cuidadosamente, a modo de rompecabezas, comenzando por la base del bol. Continúe luego procediendo por los costados. Dado que el grosor de la porcelana varía según la zona del corte, añada la cantidad de adhesivo necesaria para nivelar el mosaico.

46 | Diseños para el hogar

3 Cuando llegue al borde del bol, utilice las piezas previamente separadas procedentes del reborde de la taza de porcelana, para conseguir un acabado más limpio y liso en el canto. Limpie y alise el adhesivo que aflore por los intersticios y elimine las eventuales manchas de las superficies plateadas. Deje secar.

4 Emplee la misma mezcla para enlechar todo el mosaico. Introdúzcala en las grietas con la ayuda del cuchillo. Espere unos minutos para que se asiente.

5 Con una esponja casi seca elimine la lechada sobrante de toda la superficie. En aras de un acabado más pulcro, recurra al cuchillo de artesano para rascar la lechada que la esponja no haya podido limpiar. Pásela por el canto y espere hasta que la lechada se seque por completo. Lustre la pieza mediante un trapo limpio y seco.

6 Extienda la pátina plateada en crema por pequeñas porciones del mosaico. Lústrela y elimine el exceso con un trapo limpio. Repita esta operación hasta que la lechada de los intersticios presente un acabado brillante.

Diseños para el hogar | **47**

Soporte para tetera

Toda cocina debe disponer de un soporte o salvamanteles para proteger las superficies y los enseres poco resistentes al calor. El azulejo cuadriculado de la ilustración cumple este objetivo y, al mismo tiempo, resulta muy atractivo. En su ingeniosa decoración se han utilizado los sellos de identidad con los que los fabricantes de loza y porcelana marcan las piezas en su parte inferior. Los sellos más antiguos suelen presentar motivos muy interesantes, como flores, coronas y textos de sugerente tipografía. Intercalando dichas marcas de origen con teselas de cerámica negra mate se obtiene un bonito contraste cromático.

Las tiendas de segunda mano y los establecimientos de venta con fines benéficos constituyen un excelente filón cuando no se dispone de suficientes piezas de loza. Recuerde que la decoración del plato es lo de menos, puesto que sólo le interesa el sello. Si su proyecto requiere más sellos de los que posee, no dude en combinarlos con pedazos de loza decorada en tonos vivos. Este diseño es asimismo adecuado para las paredes de la cocina.

Materiales

Tenazas para azulejos

Mascarilla y gafas protectoras

18 platos de loza con sellos interesantes

Una loseta cuadrada de cerámica vidriada negra de 15 cm de lado

Lápiz

Papel o tablero algo mayor que la baldosa de cerámica

Adhesivo de cemento

Bol

Cuchillo pequeño

Lechada negra

Esponja

Trapo para lustrar

1 Recorte las marcas de origen de la loza con las tenazas (protéjase con la mascarilla y las gafas). No se preocupe si corta una marca por la mitad, pues los fragmentos resultantes podrán integrarse en el diseño. Procure que las piezas tengan un tamaño similar al de las teselas negras.

2 Trace la silueta de la baldosa con el lápiz sobre el papel o el tablero y disponga el mosaico a su antojo dentro de sus límites. Equilibre la composición de modo que las piezas más parecidas queden distanciadas entre sí.

3 Dé la vuelta a la baldosa negra vidriada y pegue sobre ella las piezas, extendiendo una pizca de cola en el reverso de cada fragmento. Añada la cantidad de adhesivo necesaria según las características de las piezas, para conseguir un acabado nivelado.

4 A fin de mantener la misma distancia entre las piezas, proceda simultáneamente en sentido vertical y horizontal. No permita que el adhesivo se escurra y aflore por las grietas. Deje secar durante toda una noche. Enleche y pula el mosaico (véase pág. 19).

Esta cuadrícula puede utilizarse para confeccionar un tablero de ajedrez. El contraste de un reborde exterior decorado realzaría notablemente su aspecto.

Diseños para el hogar | **51**

OBSEQUIOS

Ningún regalo es tan apreciado como el que se ha creado y realizado exclusivamente para una persona querida. Una de las virtudes del mosaico es que dura para siempre, tal vez como signo de una eterna amistad.

Botas victorianas

Las elegantes botas victorianas que muestra la ilustración están inspiradas en las auténticas de latón de la época que hoy son objetos de coleccionistas. Solían disponerse en la repisa de la chimenea y tras ellas se ocultaban las cerillas para encender el hogar. Si desea emplearlas con este fin, únicamente tendrá que pegar la caja de fósforos en la parte posterior de la bota. Una vez consumidos, limítese a reponerlos insertando otra caja donde corresponde.

Debido a que el mosaico descansa sobre un soporte completamente plano, lo más sensato y sencillo consiste en encolar los fragmentos mediante adhesivo impermeable APV. El color claro de las teselas condiciona el de la lechada, que deberá ser blanca, al igual que la pintura acrílica empleada para acabar los cantos. Si opta por hacer una pareja, dé la vuelta a la plantilla antes de proceder a cortar la segunda bota.

Materiales

Plantilla (véase pág. 126)

Rotulador

Trozo de fibra de densidad media (DM) de 16 × 25 cm y de un grosor de 6 mm

Sierra de vaivén

Mascarilla y gafas protectoras

Trozo de DM de 4 × 8 cm para el soporte

Baldosines de cerámica para mosaico de colores rosa, blanco y ante

Cola impermeable APV

Tenazas para azulejos

Lechada blanca

Espátula

Esponja

Trapo suave para lustrar

Pintura blanca y pincel

1. Ponga la plantilla sobre el trozo de DM y trace la silueta de la bota con el rotulador. Vacíe la pieza con la sierra de vaivén, siempre protegido con la mascarilla y las gafas. Dibuje los detalles interiores en el soporte recortado. Con las tenazas corte las teselas de color ante en mitades y, cada una de éstas, en cinco fragmentos cortos. Péguelos a lo largo del perímetro de la bota, delimitando la abertura, el tacón y el remache que refuerza el talón.

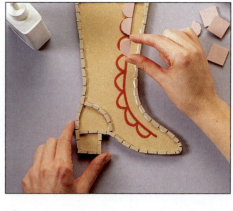

2. Corte las piezas rosadas en forma de escama, mordisqueando poco a poco sus cantos con las tenazas para obtener un contorno curvo y limpio. Péguelas donde corresponde en la parte anterior y el empeine de la bota.

3. Corte los baldosines blancos en cuatro partes iguales y rellene los espacios restantes como se muestra en la ilustración. Como es lógico, será preciso adaptar algunas piezas al contorno de las escamas rosas ya ubicadas.

4. Mezcle la lechada blanca observando a conciencia las instrucciones del fabricante. Extiéndala vigorosamente con la espátula e introdúzcala en las grietas, sin olvidarse de los cantos.

5. Al cabo de 5 minutos elimine la lechada sobrante con una esponja levemente humedecida. Espere a que se seque y lústrela entonces con la ayuda de un trapo seco.

Esta pareja de botas planas está diseñada específicamente para la decoración de una repisa de chimenea. Cuando adquiera confianza y soltura, le resultará muy gratificante adaptar esta técnica a siluetas de gatos, vasijas, floreros, etc.

6. Encole el soporte de DM en la parte posterior del tacón; su ubicación debe proporcionar una correcta sujeción de la bota en el pie. Pinte de color blanco y con tiento el reverso y los cantos de toda la pieza.

Pájaro con esquirlas de loza

Este osado proyecto, que requiere un uso lúdico de los materiales, emula las típicas figuras de loza fabricadas en Staffordshire, Inglaterra, que gozaron de gran popularidad durante los siglos XVIII y XIX. Los motivos animales eran los preferidos, en particular las parejas de perros de tamaños diversos, que solían colocarse en la repisa de la chimenea o también como centinelas a ambos lados del hogar.

El fornido pájaro que se ilustra se realizó a partir de un pedazo de madera en forma de ave, que se recubrió con esquirlas de loza antigua en tonos blanco y azul. La principal dificultad radica en la consecución de un acabado nivelado cuando se combinan piezas de distintos grosores sobre una superficie curva. Algunos de estos fragmentos, sobre todo los azules, se hallaron a lo largo de años bajo la tierra del jardín. Así pues, este pájaro siempre tendrá alguna vieja historia que relatar desde el alféizar de la ventana.

Materiales

Un pájaro de madera sin tratar de unos 35 cm de longitud, 20 cm de altura y 9 de ancho

Rotulador

Selección de piezas de loza antigua de colores blanco liso y azul y blanco

Mascarilla y gafas protectoras

Tenazas para azulejos

Adhesivo

Cuchillo de cocina

Bol pequeño

Lechada blanca

Espátula

Esponja

Trapo suave para lustrar

Cuchillo de artesano

1 Dibuje con el rotulador los trazos principales que definen el ala, la franja del cuello, la cola, el ojo, el pico y la cresta del pájaro de madera. Procure que el diseño sea simétrico a ambos lados.

2 Póngase la mascarilla y las gafas protectoras. Con las tenazas pequeñas corte piezas rectangulares de loza decorada en colores blanco y azul. Unte el dorso con adhesivo para azulejos y péguelas en su lugar sobre ambas alas. Es probable que sea necesario retocarlas ligeramente para ajustar su forma a la silueta.

3 Recorte cuidadosamente varias manchas circulares y péguelas a modo de motas sobre el cuerpo del ave.

4 Agregue dos franjas de color azul y blanco alrededor del cuello del ave. Cubra asimismo el pico y la cresta. Recorte dos nuevos círculos que harán las veces de ojos. Procure que la disposición de las piezas resulte nivelada y visualmente agradable.

5 Añada tres líneas compuestas por rectángulos azules y blancos en la parte frontal y superior de la cola. A continuacion rellene el resto de la pieza con fragmentos de loza blanca, escogidos al azar, excepto la parte inferior de la cola. Si bien se persigue un acabado parcheado, deberán realizarse pequeños ajustes. En las zonas curvas, como la cabeza, utilice piezas más pequeñas.

6 Cubra ahora la parte inferior de la cola con pequeños fragmentos de loza azul y blanca. Elimine los residuos de cola presentes en la superficie y espere a que se seque antes de enlechar.

7 Aplique la lechada blanca con la espátula. Proceda con firmeza, intentando introducirla en todas las grietas. Espere durante algunos minutos.

8 Con una esponja casi seca, limpie con delicadeza la lechada sobrante, procurando no vaciar los intersticios. Finalmente, pula el pájaro con un trapo limpio y seco, desincrustando la lechada más pertinaz con un cuchillo de artesano.

Obsequios | **61**

Caja con incrustaciones

Este joyero se realizó mediante incrustaciones de esquirlas de loza antigua en colores azul y blanco procedentes de platos rotos, en la tapa de una caja de pasta de cartón perfectamente pulida. El papel tuvo que ser imprimado con un enlucido de yeso y pintado, y luego encerado y pulido hasta obtener una pátina capaz de competir con el rico esmaltado de la loza.

En este caso, la imprimación se realizó a partir de cola de conejo y carga o pigmentación blanca que, tras numerosas aplicaciones, adquiere un aspecto marfileño. Así pues, constituye una excelente superficie para pintar derivada de una fórmula tradicional. Aunque la imprimación se comercializa preparada, lo ideal consiste en confeccionarla uno mismo.

Vierta dos cucharadas soperas de cola de conejo en un bol y agregue 300 ml de agua. Deje que se disuelva durante toda la noche. Caliente el bol dentro de una cacerola llena de agua hirviendo para disolver la cola. Añada el blanco de España poco a poco, removiendo la mezcla hasta que presente una consistencia cremosa. Extiéndala en caliente.

Materiales

6 piezas de loza de colores blanco y azul

Mascarilla y gafas protectoras

Tenazas para azulejos

Un trozo de cartón corrugado de 15 × 9 cm

Bolígrafo

Cuchillo de artesano

Adhesivo APV

Una caja de pasta de cartón con tapa, de unos 15 × 9 cm y unos 7,5 cm de altura

Pasta para papel pintado

Bol

Papel reciclado

Enlucido (*gesso*)

Dos pinceles

Estropajo de acero fino (0000) o papel de lija muy fino

Pintura acrílica azul

Cera para lustrar

Dos trapos suaves para lustrar

1 Protéjase con la mascarilla y las gafas. Corte seis piezas rectangulares de loza azul y blanca de 3 × 2 cm aproximadamente. Colóquelas sobre el cartón a intervalos regulares y dibuje sus siluetas con el bolígrafo.

2 Retire las piezas de loza y, con el cuchillo de artesano, vacíe sus siluetas hasta una profundidad aproximada al grosor de la loza.

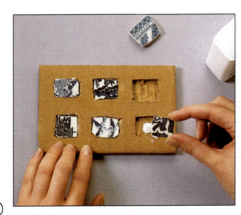

3 Deposite una pizca de cola en cada celdilla y coloque las seis piezas de modo que queden niveladas con respecto a la superficie del cartón. No se preocupe si sobresalen ligeramente, pues la capa de enlucido uniformará el acabado.

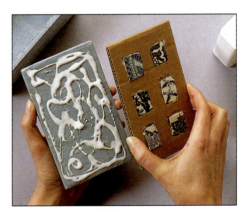

4 Extienda cola por toda la superficie de la tapa original de la caja y aplique sobre ella la nueva tapa con incrustaciones. Presione ambas piezas para que se adhieran y limpie el adhesivo que se escurra por la superficie de contacto.

5. Mezcle la pasta para empapelar de acuerdo con las instrucciones del fabricante y rompa en jirones el papel reciclado. Extienda una pizca de pasta en ambas caras del papel y en la superficie del cartón. Empapele la cara superior, los costados y la parte inferior de la nueva tapa, más gruesa. Elimine las burbujas mediante la presión de sus dedos.

6. Espere a que el papel se seque. Mezcle el enlucido (véase pág. 62) y pinte toda la superficie de la caja y de la tapa alrededor de las piezas de loza. Extienda hasta cuatro capas de enlucido una vez que se haya secado la precedente. Cuando la última esté seca, rasque los residuos de cola y frote toda la pieza con un estropajo de acero o con lija. Protéjase para ello con la mascarilla.

7. Mezcle la pintura con un poco de agua hasta obtener una consistencia cremosa. Pinte la tapa y toda la caja, con excepción del interior. Procure no manchar las incrustaciones. Para conseguir un tono oscuro adecuado precisará aplicar dos manos de pintura.

8. Aplique la cera con un trapo y espere unos minutos hasta que se seque. Lustre vigorosamente la pátina con un trapo limpio. Si lo cree oportuno, puede encerarla de tanto en tanto, como si se tratara de madera.

Plato de mosaico

La realización de este espectacular plato, de apariencia antigua, no tiene mayor secreto. Su hermosa decoración se realizó con varios platos rotos. Se trata de un inmejorable recurso para reciclar los objetos de loza que accidentalmente se hayan hecho añicos. Asimismo, constituye un magnífico proyecto para adquirir habilidad a la hora de cortar piezas a voluntad.

En este caso se emplearon diversas variedades de loza: las hay de colores lisos contrastadas con otras procedentes de motivos ornamentales más barrocos, combinadas con un motivo central, el capullo de rosa, que atrae inmediatamente la atención. Se aprecian fragmentos de rebordes intercalados de modo realmente ingenioso. El cuerpo consiste en un plato redondo de paredes curvas sobre el que se encolaron todas las piezas. No hay razón para que no se aventure a probar esta técnica en otras superficies con diferentes formas.

Materiales

Tenazas para azulejos

Un surtido de loza en colores amarillo, blanco, con motivos florales, con el diseño de un capullo de rosa y dos platos para el reborde

Mascarilla y gafas protectoras

Cola blanca para azulejos

Bol

Cuchillo pequeño

Plato de loza de 20 cm de diámetro

Lechada gris

Espátula

Esponja

Trapo suave para lustrar

1 Póngase la mascarilla y las gafas protectoras. Corte con las tenazas el motivo de la rosa que pegará posteriormente en el centro del plato con adhesivo para azulejos. (Véanse las instrucciones para cortarlo en la pág. 17.)

2 Forme un circulo alrededor del motivo central utilizando pedazos de loza amarilla intercalados con fragmentos de cenefa dorada. Si los grosores varían, adecue la cantidad de adhesivo con objeto de nivelar la superficie.

3 En esta fase del proceso es conveniente cortar todas las piezas radiales en forma de cuña antes de pegarlas, para cerciorarse de la simetría de todo el diseño. Necesitará 6 piezas con motivos florales, 6 amarillas y 12 piezas blancas en total. Péguelas manteniendo la misma distancia entre ellas.

4 Corte unas 36 piezas cuadradas de loza de 1 cm de lado y decoradas con el motivo de la rosa. Péguelas formando una circunferencia que delimite el patrón radial.

5 Corte trozos de los bordes de dos platos distintos (uno dorado y otro decorado con capullos), de 2 cm de longitud y del ancho suficiente para revestir el espacio que resta hasta el límite del plato. Péguelos cuidadosamente en su lugar procurando que sus bordes coincidan con el canto del plato base. Limpie los residuos de cola y deje secar durante toda la noche.

6 Mezcle la lechada gris a fin de obtener una consistencia bastante densa. Introdúzcala en todos los intersticios con ayuda de la espátula. Espere unos minutos para que se asiente, y elimine el exceso con una esponja húmeda. Una vez seca, lustre el mosaico con un trapo suave.

Marco iluminado

La particularidad más destacable del marco que se ilustra es el saliente curvo de su parte superior, que procede de un plato diseñado por un artista de notable prestigio. El pesar que causó su rotura quedó mitigado gracias a que pudo ser parcialmente rescatado e integrado en esta pieza.

La delicada gama de teselas amarillas tiene su origen en varios platos, tazas y una jarra de loza amarilla. Los motivos estarcidos de las estrellas proceden de unos platos soperos de loza francesa. Todos los elementos se dispusieron sobre un marco desnudo y austero. Como se aprecia, las variaciones y posibilidades decorativas son prácticamente ilimitadas, si bien convendrá ceñirse a motivos y contrastes sencillos. En este proyecto se combinan la disposición ordenada de las estrellas y la distribución al azar de los distintos tonos amarillos.

Materiales

Un plato llamativo con su centro intacto

Tenazas para azulejos

Mascarilla y gafas protectoras

Un marco cuadrado de 20 cm de lado y una abertura también cuadrada de 8 cm de lado

Loza con motivos estrellados

Selección de pedazos de loza amarilla de diversas tonalidades

Mezcla de lechada y cola blanca para azulejos

Bol pequeño

Cuchillo de cocina

Trapo suave para lustrar

1 Protéjase con la mascarilla y las gafas. Corte cuidadosamente el motivo central con las tenazas hasta lograr una silueta razonablemente curva. Esta operación requiere cierta pericia, por lo que es conveniente practicar y perfeccionar la técnica. Proceda despacio y con paciencia. Por fortuna, en este caso se consiguió cortar la base en línea recta.

2 Deposite una pizca de adhesivo en el dorso de esta pieza y céntrela en la parte superior del marco, presionando con firmeza para optimizar el contacto. No olvide dejar un espacio por debajo para colocar una hilera de esquirlas de loza amarilla.

3 Corte siete motivos estrellados o similares en forma de cuadrados de 2 cm de lado. Colóquelos en el marco de modo que uno de ellos quede centrado en relación con la base, y los restantes, equilibrados por tríos en ambos lados.

4 Corte las piezas de loza amarilla variada en trozos cuadrados y rectangulares. Péguelos aleatoriamente alrededor de las estrellas, intentando nivelar todos los fragmentos. Las esquinas del marco que se muestra son romas, razón por la cual habrá que redondear las piezas que las revisten. Enleche el mosaico y lústrelo como se ha explicado (véase pág. 19).

Jarrón cuadriculado

Al igual que el revestimiento para el aseo descrito en la página 26, este sencillo y moderno jarrón no requiere el uso de tenazas para recortar los baldosines, hecho que facilita su realización.

La simplicidad del diseño exige una factura pulcra y medida. No dude en experimentar previamente con la distribución de los colores y con otros aspectos de la composición. Le sorprenderá comprobar que, pese a su distribución aparentemente al azar, algunas combinaciones resultan inadecuadas, mientras que otras son muy atractivas.

Las teselas recubren un jarrón de sección cuadrada de color marrón oscuro y exento de adornos. Puede adquirirse uno igual o similar en todo tipo de establecimientos dedicados al hogar, en floristerías y en grandes almacenes.

Materiales

Un jarrón de cerámica de paredes planas de 21 cm de altura y base cuadrada de 12 cm de lado

Hoja de papel blanco

Lápiz

Surtido de teselas cerámicas mates (aquí se emplearon 36 rosas, 28 amarillas, 12 ocres, 32 marrones, 24 crudas y 24 grises)

Adhesivo de cemento

Bol

Cuchillo pequeño

Lechada negra

Espátula

Esponja

Trapo suave para lustrar

1 Acueste el jarrón encima de la hoja de papel y trace con el lápiz la silueta de una de sus caras laterales. Distribuya las piezas dentro de dicho contorno equilibrando los colores y tonos cuidadosamente.

2 Una vez decidida la composición, mezcle el adhesivo y adhiera las teselas a la superficie del jarrón. No se exceda en las cantidades de cola empleadas para evitar que se escurra entre las piezas. Empiece desde la base y prosiga siempre en sentido horizontal.

3 Pegue la columna vertical que perfila la arista izquierda, manteniendo una distancia uniforme entre las piezas. Permita que sobresalgan ligeramente en los lados largos. Revista las tres caras restantes de la misma forma, esperando siempre a que la cola se haya endurecido antes de cubrir la contigua. Deje secar durante toda la noche.

4 Mezcle la lechada negra e introdúzcala en todos los espacios con la espátula. Espere unos minutos y limpie el exceso con una esponja húmeda. Cuando se seque, lustre el mosaico con un trapo. Si la lechada oscura mancha la cerámica mate, disuélvala con ácido clorhídrico (véase pág. 19 y siga las instrucciones del frasco).

Este diseño puede combinarse con diversos elementos. Quizá desee contrastar los tonos mate de la cerámica con piezas de loza profusamente decorada. Las posibilidades son, sin duda, infinitas.

Obsequios | **79**

Esferas de mosaico

Si bien resulta más difícil trabajar sobre la superficie curva de una esfera de tamaño reducido que en una extensión plana, el acabado final puede ser realmente maravilloso. Estas pelotas de múltiples facetas proporcionan placer tanto a la vista como al tacto. Conviene, no obstante, iniciarse con una decoración simple y casi geométrica.

Las líneas cruzadas de la figura dividen la superficie en ocho zonas independientes, compuestas por piezas procedentes de rebordes de platos diversos (que suelen presentar cenefas griegas, franjas y entramados). Las ocho secciones se rellenaron con teselas de vidrio lustroso cortadas en cuatro partes iguales. La de mayor tamaño incorpora motivos de loza decorada fragmentados y dispuestos en la región central de dichas secciones. La lechada gris cohesiona y armoniza el conjunto.

Materiales

Bola de madera de 8 cm de diámetro

Rotulador negro

Platos con rebordes decorados

Tenazas para azulejos

Mascarilla y gafas protectoras

Adhesivo

Bol pequeño

Cuchillo de cocina

Teselas de vidrio lustrado rosas

Guantes de goma

Lechada negra

Espátula para rellenar

Esponja

Cuchillo de artesano

Trapo suave para lustrar

1 Con el rotulador trace una circunferencia sobre la superficie de la esfera. Interséctela en ángulo recto con otra idéntica. Rote ligeramente la esfera y trace una tercera circunferencia, perpendicular a las anteriores por su punto medio. De esta forma habrá dividido la esfera en ocho secciones iguales.

2 Cada circunferencia debe decorarse con un reborde distinto. Protéjase con la mascarilla y las gafas. Con las tenazas corte pequeñas piezas de loza, aproximadamente de 1 cm de longitud. Necesitará unas 20 por circunferencia.

3 Ponga una pizca de adhesivo en el dorso de cada pieza y colóquelas en su lugar sobre la línea negra. Si le parece oportuno, varíe su orientación o rompa su continuidad creando un patrón alterno.

4 Sostenga la esfera con delicadeza y repita la operación a lo largo de la segunda circunferencia, usando piezas con otra decoración. Haga lo propio con la tercera y última. Espere a que se seque y limpie la cola que se escurre bajo las piezas puesto que disminuirá la adherencia de las teselas.

5 Corte las teselas de vidrio en cuatro partes iguales con la ayuda de las tenazas y rellene los espacios restantes. Seguramente necesitará dar forma a algunas teselas para que encajen. Procure nivelarlas con las demás piezas de loza y espaciarlas uniformemente.

6 Póngase los guantes, mezcle la lechada negra e introdúzcala en todos los huecos con la espátula. Aguarde unos minutos antes de eliminar el exceso con la esponja casi seca. Si es necesario, rasque los residuos con el cuchillo de artesano. Espere hasta que se seque y pula el mosaico con un trapo limpio.

MOSAICOS DE JARDÍN

El carácter duradero del mosaico, ya sea compuesto a partir de esquirlas de loza, con teselas de cerámica o vidrio, con piedras o con guijarros, lo hace adecuado tanto para exteriores como para el jardín.

Pila para pájaros

Esta original pila para el baño de los pájaros en el jardín se diseñó a partir de la tapadera de un cubo de basura, colocado en posición invertida. El asa de la parte inferior facilita su instalación sobre un lecho de guijarros dispuesto en la tierra o su asentamiento encima de un cañón de chimenea decorativo para tiestos.

La sencilla superposición de arcos está compuesta por un amplio surtido de esmaltines de vistosos colores a la manera de los mosaicos bizantinos, que se integran en un fondo de color azul grisáceo (también podría ser verde) construido con fragmentos de baldosas cerámicas.

El agua realzará la intensidad de sus tonalidades, que atraerá la atención de arrendajos, urracas y otros muchos pájaros de jardín más pequeños.

Materiales

La tapa de un cubo de basura pequeño, de esmalte blanco o acero galvanizado

Adhesivo de cemento

Bol

Cuchillo de cocina

Plantilla (véase pág. 126)

Rotulador rojo para fieltro

Surtido de esmaltines en colores azul, rojo, naranja y verde (unos 30 de cada color)

Baldosas de cerámica mate (aproximadamente, 130 de color azul grisáceo pálido y 40 más oscuros).

Tenazas para azulejos

Mascarilla y gafas protectoras

Guantes de goma

Lechada negra

Espátula

Esponja

Trapo suave para lustrar o pincel para las uñas

1 Si la parte interior de la tapadera presenta rugosidades, rellénelas con un poco de adhesivo de cemento. Espere hasta que se seque y, con la plantilla, dibuje ocho arcos superpuestos tal como se ilustra.

2 Extienda una pizca de adhesivo en el dorso de los esmaltines y forme con ellos un arco verde seguido de uno rojo, uno naranja y, por último, uno azul. Repita este proceso hasta completar todo el diseño. Para nivelar los esmaltines, posiblemente será necesario variar la cantidad de cola que los sustenta.

3 Protéjase con la mascarilla y las gafas. Corte las baldosas cerámicas de color pálido en cuatro partes iguales y rellene las áreas exteriores como se indica. Use las tenazas para tallar las piezas si es necesario. Proceda de idéntica manera hasta completar la corona circular.

4 Corte las baldosas más oscuras en cuatro partes iguales y dispóngalas en la zona central, procurando ceñirse a los contornos delimitados por los arcos. Limpie con suavidad los residuos de adhesivo antes de que se sequen y espere hasta el día siguiente.

5 Mezcle una cantidad suficiente de lechada negra y extiéndala uniformemente sobre toda la superficie del mosaico, introduciéndola con la espátula en los recovecos. Póngase unos guantes de goma para evitar mancharse.

6 Al cabo de unos minutos, limpie el mosaico con una esponja ligeramente humedecida, cuidando de no vaciar la lechada acumulada en los huecos. Cuando esté seco, pula el mosaico con el trapo para lustrar o con el pincel. Si la lechada ha manchado el mosaico, disuélvala con un producto limpiador especial (véase pág. 19).

Mosaicos de jardín | **89**

Tiesto de conchas marinas

Esta maceta decorada con una colección de conchas marinas de color blanco desvaído resulta excelente para una planta carnosa o un cactus. La composición se muestra particularmente efectiva si se combina con una planta de hojas glaucas o grisáceas que armonicen con la serenidad inherente a la palidez de la pieza. Este diseño no es muy adecuado para geranios ni para flores de tonos chillones como el fucsia.

Las conchas no son en absoluto exóticas y pueden hallarse con facilidad a orillas del mar. Como alternativa, puede adquirirse un amplio surtido en multitud de tiendas. Se recurrió a una mezcla preparada de cola y lechada blancas, cuyos residuos se limpiaron mediante un pincel fino.

Materiales

Mezcla de lechada y cola

32 conchas blancas (berberechos) de cuatro tamaños distintos

Maceta de terracota de 12 cm de altura y 15 cm de diámetro

Lápiz

32 conchas espirales planas de color pálido

8 caracoles alargados

Selección de conchas blancas diminutas para relleno

Bol

Cuchillo de cocina

Pincel pequeño y fino

1 Encole dos líneas verticales de conchas de berberechos con la mezcla de lechada y adhesivo. Si lo prefiere, dibújelas con el lápiz. Deje un espacio de 1,5 cm entre los extremos de las conchas y dispóngalas de modo que la más grande sobresalga por encima del canto del tiesto, disminuyendo el tamaño a medida que se aproximan a la base.

2 Extienda una pizca de cola en la cara interna de los caracoles alargados y péguelos apuntando hacia arriba y de manera que sobresalgan por el borde del tiesto. Acto seguido, pegue cuatro conchas espirales planas a intervalos regulares entre los berberechos.

3 Rellene los huecos restantes con una selección de conchas blancas diminutas. Lo más sencillo consiste en sumergir uno de sus extremos en la mezcla adhesiva antes de colocarlas en su lugar.

4 Espere unos 20 minutos, para que el adhesivo se endurezca y se asiente. Limpie los residuos dejados por la mezcla mediante un pincel con sus cerdas mojadas en agua. Continúe pegando conchas alrededor del tiesto, levantando parejas de columnas hasta completar toda la superficie.

Mosaicos de jardín | 93

Panel de guijarros

Este mosaico de guijarros se construyó mediante el método indirecto, es decir, que se diseñó al revés, por lo que el resultado no puede apreciarse hasta su conclusión. Es idóneo para la construcción de paneles y losetas para exteriores que implican el uso y la nivelación de elementos irregulares como los guijarros. Su grosor y su tamaño son por definición variables, pero esta dificultad queda superada al colocarlos sobre una superficie plana y enlechar la pieza por detrás.

Este panel cautivará a los asiduos de la playa y constituye una atractiva manera de exhibir los tesoros hallados en la temporada estival. No obstante, pueden adquirirse popurrís de guijarros en viveros y otras tiendas. La combinación de colores blanco, negro y verde grisáceo resulta excelente.

Materiales

- 2 listones de madera de 7 × 45 cm y 2 cm de grosor
- 2 listones de madera de 7 × 40 cm y 2 cm de grosor
- 8 tornillos, un destornillador y un taladro
- Un tablero cuadrado de madera contrachapada de 45 cm de lado
- Barniz y brocha
- Cinta adhesiva impermeable
- Cubo de arena
- Lápiz
- Aproximadamente 2 kg de guijarros pequeños negros y la misma cantidad de colores blanco y verde
- Saco pequeño de cemento
- Recipiente para mezclar
- Paleta para mezclar
- Una porción de tela metálica o metal foraminado
- Brocha

1 Construya con los listones un marco cuyos lados interiores midan 40 cm. Atornille las cuatro esquinas. Barnice la base y todo el marco para evitar el alabeo cuando la madera se humedezca. Apoye el marco sobre la base de contrachapado y selle las juntas interiores mediante la cinta adhesiva impermeable. Llene el marco con arena hasta cubrir una profundidad de 2 cm.

2 Con el lápiz dibuje el cuadrado central a 7 cm de los cantos de madera. Trace la silueta centrada de las hojas. Empiece por introducir los guijarros verdes a lo largo del perímetro del marco y delimite el cuadrado central con un línea estrecha.

3 Coloque cuatro guijarros negros equidistantes a lo largo de cada uno de los lados y rellene el margen perimetral que los rodea con los de color blanco. Júntelos tanto como sea posible.

4 Rellene el tallo y la mitad de las hojas con guijarros de color verde grisáceo. Para obtener un efecto tridimensional complete la mitad restante con guijarros blancos.

5 Acto seguido proceda a abarrotar el cuadrado central con guijarros negros, procurando ceñirse a los contornos y no dejar espacios vacíos.

6 Mezcle tres partes de arena con una de cemento y agregue el agua necesaria para hacer manejable la mezcla (no la diluya en exceso). Remuévala bien y viértala en el marco hasta lograr una profundidad de, al menos, 2,5 cm. Alise la superficie con la paleta.

7 Corte un cuadrado de metal foraminado o de malla metálica y cubra toda la superficie antes de extender una segunda capa de cemento y arena. Llene el marco hasta arriba y nivele la mezcla con sus cantos superiores.

8 Espere 4 días hasta que el mortero de cemento se seque completamente. Destornille entonces el marco. Ponga el panel del revés con mucho cuidado y cepille la arena sobrante. Limpie la loseta con una manguera o un chorro de agua a presión.

Mosaicos de jardín | **97**

Maceteros cilíndricos

Si no es su primera incursión en la realización de mosaicos, tal vez desee experimentar con una nueva decoración de tiestos, en lugar de la manida loza troceada en tonos blanco y azul. Los maceteros de la ilustración se decoraron con una combinación de loza antigua con diseños florales y teselas de vidrio malvas. La cohesión se logra empleando una lechada de hermoso color púrpura.

Nunca deseche pedazos de loza hecha añicos, en especial si se trata de una de sus piezas predilectas, dado que podría transformarla en un atractivo objeto. Si la incluye en el diseño de un tiesto, podrá disfrutarla con renovados bríos. Siempre será conveniente recurrir a un tiesto con un borde en relieve que delimite la entrega del mosaico.

Materiales

Un tiesto cilíndrico de 15 cm de altura y 12 de diámetro

Platos de loza decorada con motivos florales

Tenazas para azulejos

Mascarilla y gafas protectoras

Lápiz de color

Mezcla de lechada y adhesivo para baldosas

Bol pequeño

Cuchillo de cocina

Teselas de vidrio malvas

Polvo de lechada blanco

Pintura acrílica púrpura

Paleta

Esponja

Guantes de goma

Cuchillo de artesano

Trapo suave para lustrar

1 Proteja su rostro con la mascarilla y las gafas. Con las tenazas, corte unas 35 piezas cuadradas de loza de 2 cm de lado, cada una de ellas con un motivo floral. Trace con el lápiz cinco líneas verticales dispuestas a intervalos regulares alrededor del perímetro del tiesto. Pegue las piezas de loza con el adhesivo.

2 Pegue las teselas malvas en los espacios situados entre las verticales de loza, dejando un pequeño margen entre las piezas para introducir la lechada. Ajuste la cantidad de adhesivo para nivelarlas con respecto a la loza.

3 Disponga la segunda columna junto a la vertical de loza contigua y corte las teselas según convenga para encajarlas en la zona inferior. Rellene el espacio central, sin olvidar que deberá enlecharse. Complete el diseño en el resto del tiesto. Limpie los residuos de cola y espere hasta que se seque.

4 Mezcle una pizca de pintura acrílica con la lechada en polvo y remueva hasta obtener una pasta densa. Póngase los guantes y extienda la lechada con un cuchillo, introduciéndola en los huecos. Espere 10-15 minutos antes de limpiar el excedente con una esponja húmeda. Rasque con el cuchillo la lechada presente en la superficie del mosaico y nivele la entrega con el borde saliente. Una vez seco, púlalo con un trapo limpio.

Plato con esquirlas de loza

Es sorprendente el número de personas aficionadas a coleccionar esquirlas y fragmentos de loza decorativa. A menudo son descubiertos como un tesoro en el jardín y permiten esbozar pasajes de la historia de sus ancestros o de los anteriores ocupantes de la vivienda.

Este proyecto constituye una oportunidad ideal para convertirlos en un objeto funcional y, al mismo tiempo, exhibirlos de forma ingeniosa. Se decoró un gran plato plano de terracota mediante loza blanca de diversos matices, combinada con los típicos y siempre apreciados motivos blancos y azules.

Para conseguir un diseño limpio se requiere un uso preciso de las tenazas para azulejos. El plato resultante puede emplearse como bandeja, para quemar velas aromáticas durante una comida en una noche de verano.

Materiales

Tiza

Un plato grande de terracota de unos 40 cm de diámetro

Esquirlas blancas y decoradas en blanco y azul

Tenazas para azulejos

Mascarilla y gafas protectoras

Adhesivo para azulejos

Bol pequeño

Cuchillo de cocina

Lechada blanca en polvo

Paleta

Esponja

Trapo suave para lustrar

1 Dibuje con la tiza una espiral que comience en el centro y abarque todo el plato. La que se ilustra tiene una anchura inicial de 3 cm, alcanza los 4 cm en su parte media y se estrecha en su porción final. Si se equivoca, limítese a borrar el dibujo con el dedo y comience de nuevo.

2 Póngase la mascarilla y las gafas protectoras. Corte la loza blanca con las tenazas. Empiece a colocarlas desde el perímetro y, cuando sea necesario, recorte los cantos de las piezas a fin de ajustarlas al contorno. Extienda una pizca de cola en su dorso y péguelas donde proceda.

3 Cuando llegue a la mitad de la circunferencia, comience a pegar las piezas blancas y azules en la misma forma, desde el extremo afilado de la espiral. Vaya colocando simultáneamente las dos clases de piezas para poder encajarlas bien.

4 Prosiga hasta cubrir todo el plato, procurando que el adhesivo no se escurra e invada los huecos. Mezcle la lechada en un bol como indique el fabricante y extiéndala con la espátula, introduciéndola en los espacios vacíos. Aguarde 30 minutos para que se seque y limpie los residuos con una esponja húmeda. Espere otros 30 minutos y pula el mosaico con un trapo suave.

Loseta de terracota y guijarros

Se pavimentó una terraza con ocho losetas decoradas a partir de guijarros blancos combinados con pedazos de terracota procedentes de tiestos para flores en desuso. El diseño está inspirado en los motivos típicos de las colchas de *patchwork,* sólo que en este caso los retales son piezas de barro y guijarros encontrados por azar.

Una vez más se recurrió al método indirecto de elaboración de mosaicos, es decir que la loseta se construyó al revés dentro de un marco, que posteriormente se rellenó con cemento. A los pocos días, una vez desmontada de esta suerte de molde, la loseta luce en todo su esplendor.

Materiales

Molde con forma de marco cuadrado de 30 cm de lado interior

Una taza pequeña de arena fina

Lápiz

Tenazas para azulejos

Tiestos rotos de terracota

Mascarilla y gafas protectoras

Guijarros blancos pequeños

Un saco de mortero de cemento (4 kg por loseta), preparado con tres partes de arena y una de cemento

Cubo o cuenco para mezclar el cemento

Paleta

Trazo cuadrado de tela metálica de 30 cm de lado

Destornillador

Brocha con cerdas de acero

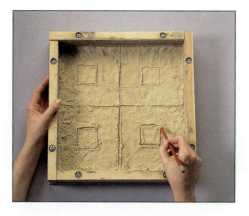

1 Vacíe la arena fina dentro del molde y extiéndala uniformemente por toda la superficie. Dibuje el diseño con el lápiz sobre la capa de arena. Divida el cuadrado en cuatro partes iguales y trace un cuadrado pequeño centrado en cada una de ellas.

2 Protéjase con la mascarilla y las gafas. Corte con las tenazas varios cuadrados y rectángulos de terracota. Empiece a rellenar el diseño. Proceda en los cuadrantes diagonalmente opuestos, alternando el relleno de los grandes con el de los centrales pequeños, como se muestra en la imagen.

3 Seguidamente rellene y contraste las áreas restantes con los guijarros blancos. Colóquelos tan cerca unos de otros como sea posible y asegúrese de asentarlos correctamente en la arena. Procure situar las caras más planas hacia abajo a fin de lograr una superficie lisa.

4 Agregue un poco de agua al mortero de cemento y mézclelo bien. Extienda la mezcla sobre toda la superficie con la paleta y compáctela hasta que se introduzca en todos los huecos. Proceda meticulosamente y con cuidado a fin de no desplazar ninguna de las piezas del mosaico.

 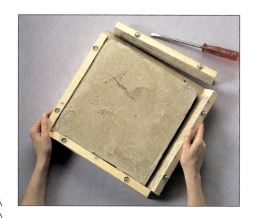

5 Cuando haya rellenado el molde con el mortero hasta media altura, coloque la tela metálica encima y continúe rellenando el marco con cemento hasta llegar al borde superior. Alise la superficie y póngalo a buen recaudo para que se seque.

6 El secado del cemento debe prolongarse varios días, si bien el molde puede desmontarse al cabo de 48 horas con objeto de acelerar el tiempo de secado. Dos días más tarde, dé vuelta a la loseta cuidadosamente y limpie la arena que cubre su superficie. Mediante una brocha con cerdas de acero elimine el mortero que haya invadido zonas inapropiadas.

Mosaicos de jardín | **111**

Flores de jardín

Estas llamativas flores de mosaico con sus respectivos tallos de metal constituyen, sin duda, una ingeniosa manera de iluminar su jardín en los crudos días de invierno, cuando son pocas las plantas que florecen. Asimismo, durante el verano, combinadas con un tupido lecho de flores estivales, sus relucientes pétalos realzarán y complementarán las variedades más exóticas.

Las flores se elaboraron con fragmentos de loza lustrada en tonos lisos y con motivos ornamentales, montados encima de un soporte metálico y contrastados por una lechada negra. Si lo prefiere, puede colocarlas directamente en el muro o sobre la empalizada e incorporar hojas y tallos.

Una vez dominada la técnica, le resultará muy sencillo confeccionar abejas, mariposas, aves, ranas, caracoles y otros muchos habitantes del jardín.

Materiales

Plantilla (véase pág. 126)

Una hoja de aluminio o estaño cuadrada de 20 cm de lado y 0,5 mm de grosor para cada flor

Rotulador para fieltro

Tijeras fuertes o de hojalatero

Lija gruesa

Adhesivo de resina de contacto

Una tira de acero o aluminio galvanizado plana de 3 mm de grosor, 9 mm de ancho y 50 cm de longitud

Surtido de loza en colores amarillo, azul, decorada en blanco y negro y con realces dorados

Tenazas para azulejos

Mascarilla y gafas protectoras

Adhesivo de cemento

Bol

Cuchillo de cocina

Teselas de vidrio naranjas y doradas

Lechada negra

Guantes de goma

Esponja

Pincel para uñas

Trapo suave para lustrar

1 Coloque la plantilla sobre la hoja de metal y dibuje la silueta con el rotulador para fieltro. Córtela con las tijeras de hojalatero. Lije la pieza por ambas caras a fin de que el adhesivo de resina de contacto actúe con eficacia. Mezcle el adhesivo según las indicaciones del fabricante y extiéndalo generosamente para adherir el tallo centrado en la cara posterior de la flor.

2 Protéjase con la mascarilla y las gafas. Corte ocho pétalos pequeños triangulares (véase pág. 17). Ponga una pizca de adhesivo en su dorso y colóquelos donde corresponda en la cara anterior de la flor metálica.

3 Corte las teselas de vidrio en cuatro partes iguales y construya un aro alternando piezas naranjas y doradas como se ilustra. Procure no excederse en el uso del adhesivo dado que no conviene que se escurra e invada los intersticios.

4 Emplee las piezas con motivos en blanco y negro y las de lustre dorado con objeto de elaborar un mosaico en el centro de la flor. Si es necesario, recorte los cantos con las tenazas para azulejos.

5 Corte con las tenazas trozos pequeños de loza azul marino para el contorno de los pétalos. Recuerde usar la cantidad de cola necesaria para que la superficie quede nivelada. Deje secar durante toda la noche.

6 Póngase los guantes. Mezcle la lechada negra y cubra con ella la flor, introduciéndola en las fisuras con el cuchillo. Enleche asimismo los cantos de los pétalos. Al cabo de unos minutos, limpie el exceso con una esponja húmeda. Si el acabado es irregular, espere un rato y limpie los residuos con un pincel para uñas. Una vez seco, pula el mosaico con un trapo.

Adornos de pared con conchas marinas

En el siglo XVIII las grutas decoradas con incrustaciones de conchas marinas alcanzaron una enorme popularidad que pronto se extendió al ámbito del jardín. La exuberancia de este tipo de ornamentación se adecua perfectamente a las necesidades de una residencia estival, a un baño, un vestuario o incluso una glorieta de jardín. Se trata de un proyecto tan ambicioso como exigente, amén de que resulta caro, por lo que habrá que escoger cuidadosamente la ubicación de las rosetas.

Súrtase de conchas en la playa aunque, por respeto al medio ambiente, absténgase de abusar y esquilmar la orilla. Pídalas en restaurantes, donde con gusto le regalarán todo tipo de conchas de moluscos raros e iridiscentes. También, en bazares y tiendas de regalos podrá adquirir surtidos de conchas idóneos para este proyecto.

Materiales

Rotulador para fieltro

Azulejo blanco de cerámica cuadrado de 10 cm de lado

Tenazas para azulejos

Mascarilla y gafas protectoras

Espejo circular de unos 6 cm de diámetro

Mezcla de lechada y adhesivo para baldosas

Bol

Cuchillo de cocina

Conchas marinas surtidas: 16 espirales, 8 mitades de berberechos y un caracol chato para el centro

Pincel delgado

Bastoncillo de algodón

1 Dibuje con el rotulador para fieltro un círculo dentro de la baldosa blanca. Póngase la mascarilla y las gafas y recorte la silueta con las tenazas.

2 Deposite una pizca de adhesivo en el dorso del espejo y péguelo centrado en la cara posterior de la baldosa. Debido a que carece de esmalte y es más porosa, la adherencia en esta cara será mucho mejor.

3 Extienda la cola por la parte más plana y abierta de las conchas y péguelas juntas unas con otras alrededor del espejo. El adhesivo debe entrar en contacto tanto con la baldosa como con el canto del espejo, pero no ha de escurrirse bajo la presión de los dedos.

4 Cubra los cantos de las espirales ya pegadas con los lados más amplios de los berberechos u otras conchas similares. Aplique abundante cola en la superficie de contacto a fin de asegurar la adherencia entre las conchas.

5 Extienda el adhesivo en la parte posterior del caracol chato y colóquelo centrado en la roseta.

6 Espere 15 minutos hasta que la mezcla adhesiva empiece a consolidarse. Limpie la superficie y elimine los restos de cola mediante un pincel ligeramente húmedo. Si es necesario, limpie las zonas visibles del espejo con un bastoncillo de algodón.

Ménsula de jardín

Esta elegante ménsula o repisa de jardín constituye un soporte idóneo donde exhibir la más hermosa de sus plantas, y, así, destacarla de las demás.

Con frecuencia, las zonas ajardinadas presentan altos muros de ladrillo que pueden pintarse con pigmentos naturales en tonos calizos y desvaídos para realzar la presencia de plantas, tiestos colgantes y, ¿por qué no?, de una ménsula de mosaico como la que se ilustra.

La repisa de madera se obtuvo en un establecimiento especializado en objetos para el hogar. No obstante, precisó una mano de barniz para intemperie a fin de evitar que la madera se deformara o hinchara a causa de las inclemencias del tiempo. Este diseño de reciclaje incorpora un surtido de loza blanca jaspeada con pequeños motivos florales cuidadosamente seleccionados y recortados para lograr un encaje perfecto.

Materiales

Ménsula o repisa de unos 16 × 19 cm

Barniz para intemperie y brocha

Loza blanca rota

Tenazas para azulejos

Mascarilla y gafas protectoras

Mezcla de lechada y adhesivo para baldosas

Bol

Cuchillo pequeño

27 capullos de rosa de loza decorada

Loza con motivos florales para los cantos

Espátula

Esponja

Trapo suave para lustrar

1 Ensamble y barnice la repisa de madera. Aguarde hasta que se seque. Protéjase con la mascarilla y las gafas. Corte la loza con las tenazas. Pegue los pedazos de loza blanca en la parte inferior de la repisa a modo de pavimento adoquinado, como se muestra en la ilustración. No se exceda con la cola y haga los ajustes necesarios para lograr un acabado limpio.

2 Pegue siete capullos de rosa en cada costado de la pieza de sujeción a intervalos regulares. Si trabaja con loza de distintos grosores, nivele el acabado con el adhesivo, variando según convenga la cantidad aplicada.

3 Corte y coloque más loza blanca alrededor de los capullos de rosa y cerciórese de que los cantos de las piezas quedan completamente a ras del canto de la madera. Repita este proceso en el lado opuesto.

4 Pegue otros 13 capullos de rosa en la superficie superior de la ménsula siguiendo el mismo procedimiento. Rodéelos también con fragmentos de loza blanca cuidadosamente cortados.

5 Espere a que la repisa se consolide durante un par de horas, de modo que todas las piezas permanezcan en su sitio cuando proceda a cubrir los cantos. Con las tenazas para azulejos corte la loza con motivos florales y cubra la pieza de sujeción. Aplique una pizca de adhesivo en el dorso de los pedazos de loza y dispóngalos limpiamente a lo largo del canto.

6 Corte trozos similares para decorar los cantos frontal y laterales de la repisa. Péguelos en su lugar dejando una ligera separación entre ellos. Espere hasta que se sequen. Enleche la ménsula y lústrela para acabar (véase pág. 19).

Mosaicos de jardín | **123**

Plantillas

Losetas con mariposas (pág. 34)

Mesa con hoja de roble (pág. 22)
Amplíese al 200 % en una fotocopiadora

Bandeja con tazas y platos (pág. 40)

Plantillas | 125

Pila para pájaros (pág. 86)
Amplíese al 142 % en una fotocopiadora (de A4 a A3)

Flores de jardín (pág. 112)
Amplíese al 142 % en una fotocopiadora (de A4 a A3)

Botas victorianas (pág. 54)
Amplíese al 142 % en una fotocopiadora (de A4 a A3)

Proveedores

A CORUÑA
BRICOLAJE MAVI
Santiago de Chile, 24;
15706 Santiago de Compostela,
Telf.: 981 59 48 24
Materiales para la decoración y el bricolaje.

ALICANTE
AKI
Ctra. de Valencia, km 89;
03550 San Juan de Alicante,
Telf.: 96 594 12 82
Gran superficie donde encontrará todo lo relacionado con la jardinería y el bricolaje.

BARCELONA
BAUHAUS
Autopista A-16, salida Gavá;
08850 Gavá,
Telf.: 93 638 21 60

Pº Zona Franca, 99 y 105;
08038 Barcelona,
Telf.: 93 223 19 23
Bricolaje, ferretería, maquinaria, pinturas, manualidades, revestimientos, etc.

SERVICIO ESTACIÓN
Aragón, 270-272;
08007 Barcelona,
Telf.: 93 216 02 12
Establecimiento dedicado al bricolaje, las manualidades y las artes plásticas.

BILBAO
BRICO HOGAR
Rodríguez Arias, 58;
48013 Bilbao,
Telf.: 94 480 10 69
Gran superficie dedicada a la venta de materiales para la construcción y el bricolaje, así como de mobiliario de montaje sencillo.

GRANADA
AKI
Carretera de Armilla, s/n;
18100 Armilla,
Telf.: 958 13 55 68
Productos para el bricolaje y las manualidades.

MADRID
BRICO HOGAR
Ctra. El Escorial, km 2,2, Európolis, Edificio Texas, calle V, s/n;
28230 Las Rozas,
Telf.: 91 636 01 18
Gran superficie dedicada a la venta de materiales relacionados con el bricolaje y la construcción. Mobiliario de montaje sencillo.

MALLORCA
LEROY MERLIN
Centro Comercial Alcampo, Autopista PM-27 Palma-Inca km 3,9;
07141 Palma de Mallorca,
Telf.: 971 60 46 60
Amplio surtido de productos para el bricolaje, la construcción, la decoración y la jardinería.

LEROY MERLIN
Centro Comercial La Dehesa, Ctra. Nacional II, km 34;
28805 Madrid,
Telf.: 91 887 13 00
Tienda especializada en bricolaje y productos para la jardinería, la construcción y la decoración.

TENERIFE
LEROY MERLIN
Centro Comercial La Laguna, Autopista Santa Cruz-La Laguna, salida Las Chumberas;
38205 La Laguna, Tenerife,
Telfs.: 922 82 31 31 y 922 82 30 08 / Fax: 922 82 07 69
Amplia gama de productos para el bricolaje, la construcción, la decoración y la jardinería.

VALENCIA
BRICO HOGAR
Centro Comercial Continente, Avda. de la Albufera, s/n;
46910 Alfafar,
Telf.: 96 376 22 00 / Fax.: 96 376 81 49

Centro Comercial Albán, Ctra. de Ademuz, km 2,8;
46100 Burjassot,
Telf.: 96 390 20 44 / Fax: 96 390 20 44
Gran superficie dedicada a la venta de materiales para la construcción y el bricolaje. Mobiliario de montaje sencillo.

ZARAGOZA
AKI
Centro Comercial Pryca, María Zambrano, s/n;
50015 Zaragoza,
Telf.: 976 52 74 66
Materiales y herramientas relacionados con el bricolaje, la conservación y la restauración, así como para proyectos de construcción.

Establecimientos especializados en la venta de madera y tableros. Cortan el género a medida por un exiguo coste adicional.

Tiendas de baldosas y azulejos. La mayoría dispone de una amplia gama de materiales cerámicos, herramientas, productos adhesivos y lechadas. En ocasiones podrán proporcionarle baldosines y teselas rotos.

Ventas benéficas y mercados. Lugares idóneos para el hallazgo de piezas de loza coloreada y ornamental a muy bajo precio.

Ferreterías. Encontrará clavos, tornillos, resinas, colas, adhesivos y herramientas de toda índole.

Proveedores de material para la construcción y de acabados metálicos. Por lo general pueden proporcionarle planchas y láminas metálicas, de aluminio, latón y cobre.

Espacios para la decoración. Establecimientos como HABITAT o IKEA constituyen excelentes fuentes de objetos como bandejas, ménsulas y estantes de madera que podrá luego decorar con mosaicos.

Índice

Los números de página en **negrita** corresponden a la descripción de los proyectos y los que están en *cursiva*, a las ilustraciones.

A
adhesivos
    aplicación, *18*
    APV, *18*
    elección, 18
adornos de pared con conchas de mar, 116
Art Nouveau, influencia, 8
artistas del mosaico, 8
azulejos, **34-39**, **48-51**

B
baldosas, **34-39**, **48-51**
bandejas
    con tazas y platos, **40-43**
    de loza, **102-105**
        plantilla, 125
bol plateado, **44-47**
botas victorianas, **54-57**
    plantilla, 126

C
caja con incrustaciones, **62-65**
cajas de cerillas (como apoyos), 54, *54-57*
cerámica
    lustrada, 9, 12, *13*, 112, *113-115*
    teselas 10, 14, *15*, 30, *31-33*, 40, *41-43*, 76, *77-79*, 86, *86-89*
        cortar y dar forma, *16*
        en negro mate, *48-49*, 49, *50-51*
conchas marinas, 10, 14, *15*
    adornos de pared, **116-119**
    búsqueda, 95, 116
    obtención, 90
    tiesto para plantas, **90-93**
corte, técnica, 16, *16-17*
cuadrados, cómo cortar, *17*

D
DM (tablero de densidad media), 30

E
enlechar, *véase* lechada
esferas de mosaico, **80-83**
esmaltines, 6, 10, 14, *15*, 86, *86-89*
esquirlas de loza
    ave, **58-61**
    cortar, *17*
    plato con, **102-105**
        véanse también loza de colores; loza decorada
esquirlas de terracota, 10, *10*, 14

loseta, **106-111**

F
flores de jardín, **112-115**
    plantilla, 126
fondos
    aplicación directa del adhesivo *18*
    colores, 12

G
Gaudí, Antoni, 8
guijarros, 9, 10, 14, *15*
    losetas de, **106-111**
    panel de, **94-97**

I
imprimación, *62-65*
    fórmula, 62

J
jarrón cuadriculado, **76-79**
joyero, **62-65**

L
lechada, 19
    aplicación, *19*
    blanca, 54, *54-57*, 61, *74-75*, *104-105*
    de colores, 19
        gris *28-29*, *31-33*, 40, *41-43*, *43*, *68-69*, 71
        marrón, 25
        negra, 34, *35*, 38, *48-51*, *78-79*, 80, *80-83*, 89, 112, *113-115*
        violeta, 98, *98-101*
    dorado, 44, *45-47*
    eliminación y limpieza, *19*
    invención, 6
losetas
    con mariposas **34-39**
        plantilla, 124
    de pavimento, de guijarros y terracota, **106-111**
loza
    antigua, 12, *13*, 34, *35-39*
    azul y blanca, 12, *13*, 58, *58-61*, 62, *62-65*, 98, *102-103*, 103, *104-105*
    blanca, 12, *13*, 121, *122-123*
    con leyendas, 12, *13*, 49; *véase también* marcas del fabricante
    de colores 12, *13*, 30, *31-33*, 34, *35-39*, 66, *67-71*, 112, *113-115*
    amarillos, 72, *73-75*

    decorada, 12, *13*, 112, *113-115*; *véase también* motivos florales, loza con
    lustrada, 9, 12, *13*, 112, *113-115*
    porcelana plateada, 44, *45-47*

M
maceteros espigados, **98-101**
marcas del fabricante, *48-49*, 49, *50-51*
marco, **72-75**
materiales, **9-15**
    clasificación y selección, 10, *10-11*, 12
    fuentes, 10, 49, 95, 116
    para efectos, 12, 44
    recolección, 9, 10, *10-11*
    soportes, 30, 86
    véase también cada material por separado
ménsula de jardín, 120-123
mesa con hoja de roble, 22-25
    plantilla, 124
método de trabajo,
    directo 16, *24-25*, 28, *32-33*
    indirecto, 16, 95, *96-97*
mosaico
    bizantino, 6
    griego antiguo, 6
    métodos de trabajo, 16
    romano, 6
    tridimensional, 8, 30, *31-33*, 58, *58-61*
motivos, 6, *6*, 112
    cómo cortar, *17*
    estrellas, 72, *73-75*
    florales, loza con, 12, *13*, 98, *98-101*, 121, *122-123*
        capullos de rosa, 66, *67-71*
    flores, 112, *113-115*
    mariposas, 6, 34, *35-39*
    pájaros, 58, *58-61*
murales, 8

O
objetos reciclados, 8, 9, *9*

P
pared
    adornos con conchas, **116-119**
    baldosas y paneles, 34, **94-97**, 112

    repisa de jardín, **120-123**
pasta de cartón (*papier mâché*), 62, *62-65*
patchwork (parcheado), 9, *9*, 10
pavimentos de la antigua Grecia, 6
pétalos, cómo cortar, *17*
pila para pájaros, **86-89**
    plantilla, 126
piscinas, 8
placa numérica, 30-33
plantillas, 124
    cómo cortar simétricamente, 34
plato
    antiguo, 66, *67-71*
    de mosaico, **66-71**
porcelana, 12

R
rebordes
    cómo cortar, *17*
    decorados, 10, *13*, 34, *35-39*, 66, *67-71*, 80, *80-83*
rectángulos, cómo cortar, *17*
repisa, **120-123**
revestimiento de un aseo, **26-29**

S
salvamanteles, *48-49*, 49, *50-51*
seguridad, 19
simetría, 34
soporte
    para macetas, 34
    para tetera, **48-51**
Staffordshire, figuras, 58

T
tablero de ajedrez, 51
técnicas básicas, 16, *16-17*
teselas, *véanse* cerámicas, teselas; vidrio, teselas
tiestos para flores
    cilíndricos, **98-101**
    con conchas marinas, **90-93**
    espigados, **98-101**

V
vidrio, teselas, 10, 14, *15*, 30, *31-33*
    cómo cortar, *16*
    con loza, 80, *80-83*
    malvas, 98, *98-101*